中国天然气高质量发展报告
（2021）

国务院发展研究中心资源与环境政策研究所
清华大学能源互联网创新研究院
北京大学能源研究院　编著
中国石油大学（华东）
中国石油西南油气田分公司天然气经济研究所

石油工业出版社

图书在版编目（CIP）数据

中国天然气高质量发展报告. 2021 / 国务院发展研究中心资源与环境政策研究所等编著. —北京：石油工业出版社，2021.9

ISBN 978-7-5183-4888-6

Ⅰ.①中… Ⅱ.①国… Ⅲ.①天然气工业-工业发展-研究报告-中国-2021 Ⅳ.①F426.22

中国版本图书馆CIP数据核字（2021）第190665号

选题策划：庞奇伟
责任编辑：常泽军　张　贺　吴英敏
责任校对：罗彩霞
封面设计：汤　静

出版发行：石油工业出版社
　　　　　（北京市朝阳区安华里二区 1 号楼 100011）
网　　址：http://www.petropub.com
编 辑 部：(010) 64523825　图书营销中心：(010) 64523633
经　　销：全国新华书店
印　　刷：北京中石油彩色印刷有限责任公司

2021年9月第1版　2021年9月第1次印刷
787×1092 毫米　开本：1/16　印张：3
字数：28千字

定　价：80.00元
（如发现印装质量问题，我社图书营销中心负责调换）
版权所有，翻印必究

《中国天然气高质量发展报告（2021）》编委会

（以下按姓氏笔画排序）

委　员：

马君华　王　婕　王　磊　冯　阔　延　星　李继峰
李森圣　杨　晶　杨　雷　何春蕾　何润民　张　绚
张　涛　周　鹏　孟凡达　段言志　徐　洁　徐双庆
郭焦锋　黄文瑞　鞠可一

总协调人：

郭焦锋

编写单位：

国务院发展研究中心资源与环境政策研究所
清华大学能源互联网创新研究院
北京大学能源研究院
中国石油大学（华东）
中国石油西南油气田分公司天然气经济研究所

出版单位：

石油工业出版社

前　言

中国已进入全面建设社会主义现代化国家、向第二个百年奋斗目标进军的新发展阶段。坚持科学发展，贯彻创新、协调、绿色、开放、共享的新发展理念，是构建以国内大循环为主体、国内国际双循环相互促进新发展格局的战略指引。天然气产业完整、准确、全面贯彻新发展理念，以"力争2030年前达到二氧化碳排放峰值，努力争取2060年前实现碳中和"（以下简称"3060"）双碳战略目标为统领，落实"四个革命、一个合作"❶能源安全新战略，努力践行高质量发展。

过去十年，天然气产业坚持创新发展，推动建立健全竞争有序、有法可依、监管有效的体制机制；发挥举国体制优势推动技术创新，勘探开发理论和技术水平取得突破，创新成为第一动力。坚持协调发展，产供储销体系不断完善，多元供给方式日益协同；"全国一张网"基本形成，储运设施短板得到加强，协调成为内生特点。坚持绿色发展，天然气代煤、代油工程等稳步推进，为打赢蓝天保卫战作出了突出贡献；天然气企业主动开展甲烷逃逸治理等行动，

---

❶ "四个革命"：一是推动能源消费革命，抑制不合理能源消费；二是推动能源供给革命，建立多元供给体系；三是推动能源技术革命，带动产业升级；四是推动能源体制革命，打通能源发展快车道。"一个合作"：全方位加强国际合作，实现开放条件下能源安全。

积极实施环境保护和履行社会责任，绿色成为普遍形态。坚持开放发展，依托"一带一路"倡议，全方位拓展天然气国际合作；加强制度建设，天然气产业链基本实现全面放开，开放成为必由之路。坚持共享发展，天然气市场培育取得明显成效，各行业、各区域用户共享天然气产业发展成果；天然气资源惠及广大城镇、乡村居民，用气服务水平显著提升，共享成为根本目的。

过去十年，天然气产业高质量发展取得了突出成绩，也存在亟待解决的难题。未来十年，中国将处于美丽中国建设及碳达峰的关键期，实现减污降碳协同增效，天然气产业的机遇与挑战并存。为充分展示中国天然气产业过去十年高质量发展的成效，深入探讨发展中存在的问题，积极应对未来十年新形势、新要求下面临的严峻挑战，编委会组织业内专家撰写了《中国天然气高质量发展报告(2021)》。期望报告能够客观反映行业发展的现状和问题，共同探讨未来的发展方向和前景，引发更多思考和讨论，为促进中国天然气高质量发展贡献一份力量。

目 录

一、中国天然气高质量发展成效 ··· 1

（一）天然气创新发展成效 ··· 1

1. "管住中间、放开两头"，创建产业发展新机制 ········· 1

2. 勘探开发理论不断突破，技术水平明显提高 ············· 3

（二）天然气协调发展成效 ··· 5

1. 天然气供需同步发展，多元供给方式基本协同 ········· 5

2. "全国一张网"初步形成，储运设施短板得到改善 ····· 6

（三）天然气绿色发展成效 ··· 8

1. 深入实施天然气替代工程，助力大气环境质量改善 ····· 8

2. 践行绿色低碳发展理念，积极推进甲烷排放治理 ········ 10

（四）天然气开放发展成效 ·· 11

1. 依托"一带一路"，全方位拓展天然气国际合作 ········ 11

2. 加强制度建设，天然气产业链转向全面开放 ············ 13

（五）天然气共享发展成效 ·· 14

1. 天然气消费总体持续增长，各行业共享天然气发展成果 ·· 14

2. 用气服务水平显著提升，惠及广大城乡居民 …………… 15

二、中国天然气高质量发展问题及挑战 ………………………… 17

　（一）天然气创新发展的问题及挑战 ………………………… 17

　　1. 产业政策仍需进一步完善，体制机制改革有待深化 …… 17

　　2. 核心技术突破有限，科研体制机制仍存在一些深层次
　　　 问题 ……………………………………………………… 18

　（二）天然气协调发展的问题及挑战 ………………………… 19

　　1. 国内生产难以满足消费快速增长需要，产业链各环节
　　　 规划建设不协调等问题仍较为突出 …………………… 19

　　2. 天然气管网建设与运营的协调性不高，储气能力不足
　　　 仍是制约稳定协调发展的主要瓶颈 …………………… 20

　（三）天然气绿色发展的问题及挑战 ………………………… 21

　　1. 天然气在交通领域发展相对缓慢，配套基础设施等方面
　　　 建设亟待加强 …………………………………………… 21

　　2. 企业"电代油"缺乏积极性，甲烷控排体系有待建立 … 22

　（四）天然气开放发展的问题及挑战 ………………………… 23

　　1. 对国际天然气市场的影响力依然较弱，企业开展国际
　　　 合作经验不足 …………………………………………… 23

    2. 落实引入外资政策仍面临较多难题，国际新形势给引进外资带来新挑战 ·············· 23

  （五）天然气共享发展的问题及挑战 ·············· 25

    1. 各区域天然气消费不均衡，城镇燃气发展水平存在较大差异 ·············· 25

    2. 城乡间天然气消费不平衡，农村地区燃气普及率不高 ··· 25

三、中国天然气高质量发展展望 ·············· 27

  （一）天然气创新发展展望 ·············· 27

    1. 天然气主体能源定位进一步明确，持续完善高质量发展政策体系 ·············· 27

    2. "联合攻关"体制机制可望建立，激发科技攻关更大动力活力 ·············· 28

  （二）天然气协调发展展望 ·············· 29

    1. 产业规划建设运行协同推进，有效促进供需均衡发展 ··· 29

    2. 基础设施建设运营加快完善，协调运行管网体系逐步成型 ·············· 30

（三）天然气绿色发展展望 ·· 31

  1. 进一步助力大气污染防治，提速车船等重点应用领域发展 ·· 31

  2. 绿电替代进一步普及，继续完善甲烷控排体系 ············ 31

（四）天然气开放发展展望 ·· 32

  1. 国际市场影响力逐步增强，可望持续提高治理水平 ······ 32

  2. 竞争性市场体系加快建立，有望全方位高水平对外开放 ·· 33

（五）天然气共享发展展望 ·· 34

  1. 区域间均衡发展水平不断提升，形成共享发展新格局 ··· 34

  2. 城乡间发展差异缩小，助力乡村振兴目标实现 ············ 34

结束语 ·· 36

一、中国天然气高质量发展成效

过去十年，中国天然气高质量发展取得显著成效。"十二五"和"十三五"时期，天然气产业发展不断迈上新台阶，不仅实现产业规模上的跨越式发展，而且在产业创新、协调、绿色、开放、共享等各方面均呈现出高质量发展态势，尤其在体制机制创新、供需协调稳定、绿色低碳发展、加强国际合作、全社会共享发展成果等方面都取得好成绩。

（一）天然气创新发展成效

1."管住中间、放开两头"，创建产业发展新机制

上游和下游领域体制机制改革取得创新性成效。 国务院批准页岩气、天然气水合物作为独立矿种。对符合资质要求的市场主体放开油气勘查开采市场。全面实施煤层气、页岩气等非常规油气区块探矿权招标，在新疆地区开展常规油气区块矿业权招标试点。实施矿业权制度改革，推动探矿权、采矿权两权合一及有序流转；煤层气资源审批权限下放给省级政府，完善矿业权有偿占用制度。强化油气勘查区块出让和退出，对未按照合同约定完成勘探工作投入的区块，每年按一定比例收回。施行竞争性开采，使用累进机制动态调整矿业权占用费，通过经济手段遏制"圈而不探、探而不采"等行为。着力开展页岩气资源潜力调查评价，加快页岩气勘探开发，陆续出台《页岩气产业政策》《煤层气产业政策》，

以及页岩气、煤层气、致密气开发利用财政支持政策，促进非常规天然气较快发展。下游天然气市场化改革有序推进，城镇燃气企业监管政策陆续出台。国务院《关于促进天然气协调稳定发展的若干意见》要求，到2020年供气企业、城镇燃气企业、各地区分别形成不低于其年合同销售量10%的储气能力、其年用气量5%的储气能力和保障本行政区域3天日均消费量的储气能力。《关于加快储气设施建设和完善储气调峰辅助服务市场机制的意见》要求，坚持市场主导，构建规范的市场化调峰机制，在终端销售环节积极推行季节性差价政策，利用价格杠杆"削峰填谷"。价格改革有序推进，合理降低配气价格，取消初装费等，并加强价格监管，2020年版《中央定价目录》明确具备竞争条件的省份天然气的门站价格由市场形成，为进一步全面放开门站价格指明方向。全面实行天然气购销合同制度，鼓励签订中长期合同，积极推动签订跨年度合同。

中游基础设施高效共享运行机制取得突破性进展。按照石油天然气体制改革总体方案中"管住中间、放开两头"的改革思路，不断深化行业体制机制改革，推动形成上游资源多主体多渠道供应、中游管网高效集输、下游企业有效竞争的市场体系。经过6年酝酿，国家石油天然气管网集团有限公司在2019年12月成立，主要从事油气干线管网及储气调峰等基础设施的投资建设和运营，负责干线管网互联互通和与其他油气管道联通，以及全国油气管网的运行调度；履行信息公开责任义务，推行"托运商"制度，向第三方市场主体公平开放。油气基础设施公平开放机制逐步落实，推动更多社会主体参与油气管输业务。鼓励各类资本投资建设天然气基础设施，加强管网设施互联互通和公平接入，逐步实现天然气资源在不同区域间的灵活调配，探索能量计量计价改革，产业协调稳定发展取得明显进展。浙江、广东等省份积极推动管网改革，逐步取消统购统销，允许直供、降低管输费。

2. 勘探开发理论不断突破，技术水平明显提高

天然气勘探开发理论创新与实践成果丰硕。 过去十年，地质勘探和开发理论的探索与创新促成了长庆苏里格气田的快速上产和塔里木克拉苏、四川安岳等大气田的建设，以及川南万亿立方米页岩气田的探明和建设。同时，在常规、非常规油气勘探开发理论取得了长足进步，创立了低压超低渗透油气藏勘探开发理论，形成了内陆湖盆中部具备形成大油气田条件的地质新认识；研究构建起以烃源岩滞留液态烃高过成熟阶段规模成气、顺层及层间岩溶作用机理、油气藏集群式分布模式为核心的成藏理论；更新了盐下白垩系砂岩4500米以下储层成因机理认识，建立了巨厚膏盐层下高效聚气的成藏模式和超深超高压气藏高效开发模式；搭建了适合中国南方复杂构造区海相页岩气的勘探开发理论体系，形成了"沉积成岩控储、保存条件控藏、优质储层连续厚度控产"的"三控"高产等理论体系；建立了大面积、高丰度页岩气富集理论，创建了深水陆棚"甜点区、甜点段"高产富集、水平井压裂平台式"体积开发"理论和技术体系。

天然气勘探开发专项攻关形成了一系列适用性技术。经过多年的研发攻关，油气勘探开发技术获得多点突破，形成了以复杂构造和高水平应力差背景下水平井优快钻井、体积压裂和清洁开采等为代表的一系列成井、开采实用技术。工厂化钻井与储层改造技术基于丛式井批量钻井、快速移动式钻机、同步建井、集中压裂等核心技术，结合系统化的工程管理方法，以高效钻头、高性能水基钻井液替代油基钻井液、一趟钻为主的水平段钻井技术，优质储层钻遇率提高至90%以上，钻井周期缩短50%以上，页岩气的钻完井综合成本降低约50%。自主研发出具有国际先进水平的全自动精细控压钻井系统控制软件，可在各种钻井工况下进行环空压力监测与控制、回压补偿、近平衡与欠平衡精细控压钻井作业。创新"体积开发"理论技术体系，建立起地质工程一体化高产井培育方法并实现批量复制。通过联合攻关，建立了水平井井网、水平井分段压裂优化设计方法，研制出水平井双封单卡分段压裂、水平井滑套分段压裂、水平井水力喷砂分段压裂主体技术，完善了水力裂缝监测与评价、水平井修井、液体胶塞分段压裂改造及碳酸盐岩自转向高效酸化酸压配套工艺技术，形成了长水平井分段分簇体积压裂改造技术。打破了全可溶桥塞生产国外公司的技术垄断，溶解速度精准可控，可实现不同现场的个性化需求，大幅降低作业风险、施工总时间和总成本。自动化地面采输技术，提高了自动化生产和智能化管理水平，平台建设周期缩短 50 天，数字化覆盖率超过 90%，节约操作成本 15% 以上，初步实现了对低渗透及特低渗透气田的高效开发。

（二）天然气协调发展成效

1. 天然气供需同步发展，多元供给方式基本协同

基本实现天然气供需均衡发展。 十年来，中国天然气市场需求快速增长，供应能力不断增强，天然气供需在总量规模和区域平衡上基本实现协调发展。天然气消费与供应规模总体同步发展。天然气消费量从 2010 年的 1075 亿立方米增至 2020 年的 3280 亿立方米，在一次能源消费结构中占比从 4.4% 提高到 8.4%。在天然气消费市场快速发展的同时，中国大力提升勘探开发力度，持续加强天然气产供储销体系建设，不断加大天然气进口，供应保障能力大幅提升，天然气供应量从 2010 年的约 1100 亿立方米增至 2020 年的约 3300 亿立方米，基本满足了市场需求。天然气区域均衡发展新格局逐步形成。随着天然气市场覆盖区域从资源地和西气东输、陕京线等长输管道沿线逐步扩大到全国范围，消费总体呈现东部加快发展、西部稳步增长的态势。广东、江西、浙江、山东 2020 年的天然气消费量分别为 2010 年的 35.7 倍、10.3 倍、8.2 倍和 6.4 倍，华东、华南地区天然气消费规模迅速上升，消费量在全国占比分别从 2010 年的 23.2% 和 1.0% 增至 2020 年的 28.4% 和 12.1%；陕西、四川、重庆 2020 年的天然气消费量分别为 2010 年的 4.3 倍、3 倍和 2.6 倍。

多元供应方式协同有序。十年来，多元化供应能力显著增强，立足国内、加大进口，持续推进天然气供应结构优化，基本形成多气源、多渠道齐头并进的局面。国内天然气勘探生产积极部署、协调有序。规划投资生产基本协同，主要油气企业积极保障勘探开发资金和工作量投入，强化勘探开发一体化部署，在四川、塔里木、鄂尔多斯、柴达木、准噶尔、渤海湾等盆地获得一批重大发现，十年来全国天然气新增探明地质储量7.36万亿立方米。在常规天然气稳步增长基础上，低渗透、中深层等领域的低品位、难动用资源利用情况不断好转，实现非常规天然气资源有效接替，常规天然气产量从2010年的948亿立方米增至2020年的1620亿立方米；页岩气实现商业化开采以来，产量迅速增长，从2012年的0.25亿立方米增至2020年的200亿立方米；地面开采煤层气产量从2010年的15亿立方米增至2020年的65亿立方米。进口天然气来源和结构更趋优化。中国天然气进口来源国从2010年的4个提高到2020年的近30个，同时液化天然气（LNG）接收站项目从少数几个迅速发展到2020年的22个，LNG进口量占天然气总进口量的60%以上；进口管道气形成了中亚、中缅、中俄多渠道保障局面，基本建立起多元化进口格局。

2."全国一张网"初步形成，储运设施短板得到改善

天然气管道互联互通程度明显提升。十年来，中国加快天然气管道等基础设施建设，集中开展管道互联互通重大工程，"西气东输、北气南下、海气登陆、就近供应"的"全国一张网"初步建成,天然气产业链中的薄弱环节得到加强。"国家—省级—城镇燃气"三级管网协同发展初步实现。随着西气东输三线、陕京四线、中缅管道、中俄管道东线等一批全国性重点管道建设项目投产运行,天然气主干管道总里程从 2010 年的 4 万千米增至 2020 年的约 11 万千米;江苏、广东等省份的支线管道和区域性管网、省级管网建设加速;2020 年全国城镇燃气管网总里程超过 80 万千米,是 2010 年的 3 倍以上,各级天然气管道建设都得到了不同程度的加强。基础设施互联互通程度显著提高。天然气主要产气区及长三角、珠三角、环渤海的大中型城市管网系统较为发达,主干管网已覆盖除西藏外的几乎全部省份,2018—2020 年进一步集中实施了中卫—贵阳输气通道联络增输、陕京四线增压、广西 LNG 接收站与中缅管道联通等互联互通工程,全国管网联通程度明显提升,形成了中卫、永清、贵阳等骨干管网枢纽节点,基本打通了管输瓶颈,进一步增强了陆上与海上资源灵活调配能力。

多种储气调峰设施协同建设取得较快进展。 十年来,中国加强地下储气库和沿海 LNG 接收站建设,规模化集约建设 LNG 储罐,基本建成多层次储备体系,为供需协调发展奠定了基础。地下储气库调峰能力持续提升,短缺状况有所改观。截至 2020 年,中国已建成呼图壁、相国寺等 14 座地下储气库(群),重点分布在西部主要生产基地和华北、华东主要消费区域,工作气量从 2010 年的不足 10 亿立方米增至 2020

年的 144 亿立方米，单日最高采气量达到 1 亿立方米以上。LNG 接收站等设施加速建设，多种保供方式同步推进。大力开展 LNG 接收站和配套外输管道建设，截至 2020 年已建成江苏如东、浙江宁波—舟山、广东深圳大鹏湾等多个 LNG 登陆中心，LNG 接收站覆盖沿海全部省份，年接收能力达到 9300 万吨以上，是 2010 年的 8 倍。同时，沿江、内陆 LNG 储罐建设积极推进，江宁、芜湖、河间、杨凌 LNG 储备调峰等项目取得积极进展，协同保障重点地区天然气供应安全。

(三) 天然气绿色发展成效

1. 深入实施天然气替代工程，助力大气环境质量改善

"煤改气、油改气"促进污染物减排效果更加显著。在大气污染防治持续推进、北方地区冬季清洁取暖政策推动下，"十二五"和"十三五"时期天然气累计消费量分别为 8345 亿立方米和 13632 亿立方米，显著改善了大气环境质量。按等热值换算，"十二五"时期天然气累计消费量相当于替代 11.1 亿吨标准煤，减排二氧化硫 8312 万吨、粉尘 7.5 亿吨、二氧化碳 11.1 亿吨；"十三五"时期天然气累计消费量相当于替代 18.1 亿吨标准煤，减排二氧化硫 1.4 亿吨、粉尘 12.3 亿吨、二氧化碳 18.1 亿吨[1]。北方地区冬季清洁取暖提升天然气消费，重点地区大气环境质量得到改善。《大气污染防治行动计划》《打赢蓝天保卫战三年行动计划》等政策深入

---

[1] 计算依据为每吨标准煤的天然气比等热值煤炭少排放二氧化硫74.89千克、粉尘679.54千克、二氧化碳996.26千克。

实施，散煤治理、"煤改气""煤改电"等替代工程持续推进，清洁取暖工程收效明显。北方地区总体清洁取暖率从2016年的38%快速提升至2020年的60%以上。大气污染传输通道"2+26"城市、汾渭平原、西北及东北地区重点城市的"煤改气"工程实施后，"十三五"时期累计新增"煤改气"用户约1900万户。2020年"煤改气"供暖面积约30.6亿平方米，比2016年增加11亿平方米，占新增清洁取暖面积的31%。2020年京津冀地区主要污染物浓度整体下降，与2016年相比，细颗粒物、可吸入颗粒物、二氧化硫、二氧化氮、一氧化碳浓度分别降低28.2%、26.9%、61.3%、28.6%和46.9%[1]。

天然气车船规模稳步增长助力交通领域减排。"十三五"时期全国新增各类压缩天然气（CNG）/LNG车辆约180万辆、船舶290余艘，2020年各类天然气车船保有量达700万辆（艘）。其中，受重型柴油车污染物排放限值标准要求不断提高，部分地区柴油车禁止使用或限行等政策影响，LNG重型卡车备受市场青睐，近年来销量快速增长。但主要用于城市内客运的CNG汽车由于受到电动汽车加快普及的竞争性影响，销量增速前高后低，近年来市场规模趋于稳定。"十三五"时期新建配套CNG/LNG加气站4300多座，2020年加气站总量约1万座。在货运领域，天然气车船因具有明显的减排效果，正在逐步对柴油、燃料油形成规模性替代，对交通部门的污

---

[1] 数据来源：中华人民共和国生态环境部《2020中国生态环境状况公报》及《2016中国环境状况公报》。

染物减排作出积极贡献。

2. 践行绿色低碳发展理念，积极推进甲烷排放治理

企业以绿色评价考核体系为抓手积极履行社会责任。主要油气企业全面实施绿色评价考核体系，以节能减排作为降本增效的有力抓手，着力提高能源利用效率和节能效益，组织开展绿色矿山建设、淘汰落后产能等工作，加紧实施节能低碳类项目建设；严格落实"三线一单"[1]的管控要求，退出环境敏感区，优化井场选址和管道路由规划，并对退出井场和站点及时进行生态恢复，基本避免了因油气管道施工挖损、占压等造成的植被破坏、水土流失等生态问题。天然气净化厂全面配套尾气处理装置，二氧化硫减排效果十分显著。加快推进设备设施升级，电能替代燃油初见成效。启动绿电井场示范，改用电驱压裂设备替代柴油压裂机组，以降低终端污染物和碳排放，可减少施工人员50%、井场占地30%，噪声从115分贝降到85分贝，甚至降到55分贝。利用油气田井场空地建设光伏、风电和石油伴生气热电装置，搭建能源互联微网系统，直接为气井提供生产用电用热，改善边远井场电能质量。在进行加热炉等煤（油）改气的同时，积极开发利用风能和太阳能，大力推广地热和余热利用，不仅可节约大量自用能源，还可对外提供清洁电力。

---

[1] "三线一单"：生态保护红线、环境质量底线、资源利用上线和生态环境准入清单。

多措并举着力减少甲烷排放。 在全球控制甲烷排放的大趋势下，中国加强了技术、监管等方面措施，2020年天然气燃除❶量（放空燃烧）明显下降。主要油气企业陆续开展甲烷放空和逸散专项减排行动，持续削减甲烷排放总量和强度，提出了"零燃除"目标。2021年5月18日，中国油气企业甲烷控排联盟成立，该联盟各成员单位将甲烷控排纳入碳减排规划，进一步明确减排行动方案，全面有序推动甲烷控减。

（四）天然气开放发展成效

1. 依托"一带一路"，全方位拓展天然气国际合作

扎实推进"一带一路"天然气国际合作。 自1993年起，中国能源企业贯彻落实国家"利用两种资源、两个市场"的战略部署，走出国门，实施国际化经营。2014年中国提出"一带一路"倡议后，主要油气企业与沿线国家进一步推动天然气国际合作，取得了新的重大进展，累计探明多个万亿立方米级地质储量的大型气田。中亚—俄罗斯、中东、非洲、美洲和亚太五大油气合作区陆续建成。中国34家能源企业参与了海外约210个油气项目投资，境外石油权益产量连续24年保持较快增长，至今油气权益产量超过2亿吨油当量，其中天然气权益产量超过500亿立方米。天然气贸易和供应协调机制发展迅速。中国自2007年成为天然气净进口国以来，进口规模增长较快，已成为LNG世界第二大进口国。建立了

---

❶ 天然气燃除是指对石油开采时伴生的天然气进行现场燃烧，可减少甲烷直接排放。

跨境天然气管道沿线国家保供多层面协调机制，重视跨境管道安全保护，保障安全平稳供气。天然气工程技术服务"走出去"稳步推进。中国能源企业在"一带一路"沿线30多个国家开展油气工程技术服务业务，不断加强国内先进适用技术在海外的推广应用。积极带动工程建设、工程技术服务和装备制造产品"走出去"，并向技术转移、管理服务等全产业链延伸，与"一带一路"沿线国家的天然气合作伙伴关系逐步建立。

积极参与全球天然气治理。近年来中国在全球和区域天然气治理体系的角色从被动接受者向主动参与者逐步转变，国际影响力不断提升。积极参与现有全球能源治理机构建设。中国不断加强与国际能源署（IEA）、国际燃气联盟（IGU）等机构的交流与合作，当选2021—2024年任期主席国，北京同时获得2024年第29届世界燃气大会主办权。在G20框架下多次举办天然气日活动。深度参与建立区域天然气合作体系。积极参与中日韩合作机制，加强在LNG领域的合作，以提高本地区LNG市场流动性和效率，增进东北亚地区LNG市场的透明度。中国、日本、韩国三国能源智库间加强交流和合作，定期开展天然气专题研讨。完善人才交流机制。派驻人员前往相关机构学习、交流和任职，在"一带一路"国际性能源治理投资机制或机构中推动天然气相关能力建设。推动中国标准"走出去"。积极参与国际标准化活动，在天然气领域主导完成了《用氧化微库仑法测定总硫含量》《用激光光谱法分析硫化氢含量》《用紫外荧光法测定总硫含量》3项国际标准和《天然气甲烷值的计算》国际技术报告。不断完善天然气合作项目中关于质量、计量、标准化方面的体系和规范。

2. 加强制度建设，天然气产业链转向全面开放

持续深化天然气领域对外开放。"十二五"时期开始重视天然气领域全面对外开放，"十三五"时期积极探索并取得了重大进展。出台顶层设计，完成制度层面的"立"与"破"。先后发布《中华人民共和国外商投资法》《外商投资准入特别管理措施（负面清单）（2019年版）》《自由贸易试验区外商投资准入特别管理措施（负面清单）（2019年版）》和《鼓励外商投资产业目录（2019年版）》。改革内容涵盖天然气上中下游全产业链，取消天然气、煤层气勘查开采对外商投资仅限于合资合作的限制，将油气勘探开发、管道建设、城镇燃气等列入鼓励外商投资产业目录，外商作为独立市场主体进入油气相关业务的行政性障碍逐步解除。

逐步优化天然气进口格局。中国天然气进口已基本形成以管道气和LNG资源并重、陆上和海上通道兼顾、广泛涵盖全球重点资源国的新格局。战略进口通道不断完善。中国天然气进口通道在"十二五"时期初具雏形，在"十三五"时期进一步完善。形成了东部海上（LNG贸易）、西南（中缅天然气管道）、西北（中亚天然气管道）和东北（中俄天然气东线）方向四大进口通道，覆盖"东、南、西、北"四个气源。进口规模稳步扩大。过去十年，中国累计进口天然气超过8144亿立方米，年均增速达24%，2020年全年进口天然气1403亿立方米，是2010年的8.5倍。灵活性资源占比不断提升。"十三五"时期，天然气进口方式发生重要变化，LNG进口规模稳步提升，连续多年超过管道气；除长贸LNG合同以外，基于国际现货市场的部分明显增加，使中国天然气资源来源和定价方式更趋多元。2020年LNG在进口量中比重升至66.0%，"十三五"时期累计提高21.7个百分点。

（五）天然气共享发展成效

1. 天然气消费总体持续增长，各行业共享天然气发展成果

天然气市场拓展至中国内地全部省份。十年来，中国天然气消费市场从资源地和主要长输管道沿线扩展至内地全部31个省份。"十二五"以来，随着西气东输二线、三线和中缅天然气管道等骨干管道的建成，以及广东、广西、江西、福建、云南、贵州等地区管道天然气的接入，天然气消费规模快速上升。2020年华东地区、华北地区、西南地区的天然气消费量位于全国前列，分别达到971亿立方米、623亿立方米和439亿立方米，相比2010年的237亿立方米、201亿立方米和239亿立方米，年均增速分别达到15.2%、12.0%和6.2%，占全国天然气消费量的比重分别为29.6%、19.0%和13.4%。2020年江苏省天然气消费量超过300亿立方米，广东、四川和山东3省份天然气消费量超过200亿立方米，北京、

河北、浙江、上海、重庆、河南、陕西、内蒙古和新疆9省份天然气消费量超过100亿立方米。同时，中国大力实施"气化西藏"工程，推动液化天然气广泛利用，结束了西藏没有天然气的历史。

各领域天然气应用取得长足发展。 随着城镇燃气、天然气发电、工业燃料升级、交通燃料升级四大天然气利用工程有序推进，促使消费规模保持增长。天然气在替代散煤、发电和交通等领域持续推进。从消费结构来看，城镇燃气用气量从2010年的386亿立方米增至2020年的1205亿立方米，年均增速达12.1%，2020年占比为36.8%；工业燃料消费量从2010年的305亿立方米增至2020年的1240亿立方米，年均增速达15.1%，2020年占比为37.9%；发电用气量从2010年的186亿立方米增至2020年的571亿立方米，年均增速达11.9%，2020年占比为17.3%；化工用气量从2010年的197亿立方米增至2020年的264亿立方米，2020年占比为8.0%。

2. 用气服务水平显著提升，惠及广大城乡居民

民生用气保障水平持续增强。 十年来，随着民生供气保障能力显著提升，居民用气量较快增长，较好地满足了居民用气需求。城镇居民用气需求不断增长。城镇居民天然气用量从2010年的134.2亿立方米增至2020年的469.5亿立方米，年均增速达13.3%；人均居民天然气用量从2010年的71.2立方米增至2020年的91.2立方米，年均增速为2.5%。城镇供气能力明显增强。2010年以来，逐步形成以科学的天然气供

给满足合理需求的市场供需格局，民生用气保障能力和水平得到持续提升。城镇供气总量从2010年的527.6亿立方米增至2020年的2076.2亿立方米，年均增速达14.7%。

城镇和乡村燃气普及程度均得到提高。十年来，城镇用气人口逐年增加，乡村用气范围不断扩大。城镇气化率随居民收入提高而同步增长。城镇居民人均可支配收入从2010年的1.91万元增至2020年的4.38万元，年均增速为8.7%。同时，城镇用气人口从2010年的1.88亿增至2020年的5.3亿，占总人口的比重从14%增至37.5%，城镇气化率从2010年的28.2%增至58.8%，均实现翻番。乡村供气服务水平得到提升。天然气利用从城镇向乡村地区延伸，全国建制镇燃气普及率从2010年的45.1%增至2020年的55.6%；2020年全国村庄的燃气普及率达到34.6%。四川、山东和云南等省份，通过管道气、LNG"点供"和罐箱"一罐到底"等多种方式逐步推进天然气在乡村的应用，有序实施"燃气下乡"政策，"气代煤"和"气代柴"效果初显。

二、中国天然气高质量发展问题及挑战

十年的不懈努力创造了中国天然气高质量发展的新局面，但天然气产业在快速发展的过程中，仍存在诸多尚未解决的问题，而且随着高质量发展进程的深入，也必将面临更为复杂的新挑战。核心科技难突破始终是制约产业可持续发展的瓶颈，基础设施与市场供需之间的协调关系也有待改善，产业绿色低碳转型与开放发展的不充分问题尚待解决，共享发展的不均衡问题亟待破解。

（一）天然气创新发展的问题及挑战

1. 产业政策仍需进一步完善，体制机制改革有待深化

将天然气培育成为主体能源亟待完善配套产业政策。 新形势下对天然气在能源领域中的主体定位出现不同意见。《天然气发展"十二五"规划》提出的"提高天然气在一次能源消费中的比重"，到《天然气发展"十三五"规划》中升级为"逐步把天然气培育成主体能源之一"。然而随着"3060"双碳战略目标的确立，天然气产业发展如何为最终实现碳中和的长远目标作出应有的贡献，引发业界热烈讨论。由于当前天然气产业在体制机制改革和对外开放、保供安全等方面仍存在不适应经济社会发展需要的诸多问题，导致能源领域对未来天然气战略定位出现明显不同的意见，天然气究竟是主体能源、过渡能源还是该停止发展，亟待给予明确。重点

用气领域利用政策难以有力支撑行业快速发展。近十年来天然气利用政策根据行业发展实际情况经过几轮修订，但因政策调整节奏滞后于市场变化，以及天然气冬季供应紧张造成普遍的"气源焦虑"，在培育用气主体、引导市场预期等方面效果不佳。工业、化工和发电领域的利用政策在鼓励和限制之间"左右摇摆"，一定程度上影响了产业的可持续发展，其中由于缺乏反映气电灵活性和清洁低碳优势的鼓励政策，燃气发电问题最为突出。天然气发电企业用气量大，但市场发展倚重上游气源，以供定需；大用户直供政策尚未真正落地，用气企业难以自主选择供气方、调整供气合同和商定气价；而且冬季用气高峰和用电高峰同时出现时，政策往往要求天然气发电企业压减出力、削减用气需求，以保障民生用气。

2. 核心技术突破有限，科研体制机制仍存在一些深层次问题

目前仍有部分勘探开发重大关键技术和装备亟待突破。主要油气企业未来高效勘探开发低品位常规油气资源、非常规油气资源和深水油气资源等"难动用储量"，迫切需要大量先进技术和装备。部分通用技术，如随钻测井、井工厂、井下油水分离等，尚未突破或显著落后于世界先进水平；部分非常规资源专项勘探开发技术，如储层精准改造、大位移水平井、旋转导向等，也存在短板；部分深水油气勘探开发技术，如高密度海量数据地震采集、深水钻井、复杂条件下油气储运等，有待攻克。以上技术突破需要长期积累、久久为功。目前很多关键装备还只能从欧美发达国家进口，成本高昂，且存在断供风险，亟待尽快实现国产化替代。传统科研体制下，攻关项目动态评价、立项调整、退出等机制尚不健全，难以适应技术发展和市场竞争形势的变化。长期采用的定向委托开展重大专项攻关的科研管理机制也有待创新。

（二）天然气协调发展的问题及挑战

1. 国内生产难以满足消费快速增长需要，产业链各环节规划建设不协调等问题仍较为突出

国产气供应到需求与产业链规划到建设运行的整体协调性问题突出。 十年来，受勘探开发难度不断增大、市场发展预期不明等因素制约，天然气产量增速始终未能实现与消费增速同步，其中"十二五"消费增速为12.1%、产量增速为7.3%，"十三五"消费增速为11.0%、产量增速为7.4%。随着低渗透、中深层、高含硫、海上深水等难动用的未开发资源在探明储量中占比持续提高，天然气开发周期拉长、成本升高，对稳产增产带来严峻挑战。而且，在天然气产业规模扩大、市场主体增多的大趋势下，产业链各环节规划建设运行所需协调的范围更广、对象更多、事项更加复杂。如生产企业、管输企业和用户在规模、路由、进度等规划设计方面各自为政，规划衔接难度大、协调成本高、时间长；受用地用水指标、生态保护红线、城市国土空间规划等约束趋严的影响，勘探生产与配套建设部署极易与其发生冲突，也容易造成地企关系紧张甚至矛盾。

2. 天然气管网建设与运营的协调性不高，储气能力不足仍是制约稳定协调发展的主要瓶颈

基础设施建设和运营不协调情况比较普遍。基础设施不完善仍是天然气协调稳定发展的短板。 目前中国 3300 亿立方米的消费规模仅有 11 万千米的主干管道，而美国 8320 亿立方米的消费规模对应超过 50 万千米的主干管道；2020 年中国地下储气库工作气量仅占天然气消费量比重的 4.4%，与世界平均水平 10%~15% 相比差距甚远，且城镇燃气企业因资金、技术、成本等方面原因，终端消费环节的储气能力建设进度明显滞后，未能按期实现 2018 年国务院提出的"不低于其年用气量 5% 储气能力"的任务目标。国家管网与燃气企业的天然气管道统筹协调有待加强。国家主干管网正在与省级管网加快整合，构建"全国一张网"管网体系，而一些地区的支干线由地方燃气企业负责建设经营，目前这些管道没有建立全国统一的调度规则，未形成容量交易、托运商制度等新型管网运营制度，其管理模式、软件系统也与国家管网有很大差别，未来两类管网协调运营难度较大。区域和城乡天然气管网设施建设不平衡。东部地区的国家管网、省网、燃气管网设施系统已较为健全，而西部支线管道与区域管网比较欠缺，在人口规模较小、管道接入经济性差的边远城市、乡镇、农村等区域，天然气管网设施更显薄弱，设施的安全性、可靠性、经济性与大中型城市相比存在很大差距。

（三）天然气绿色发展的问题及挑战

1. 天然气在交通领域发展相对缓慢，配套基础设施等方面建设亟待加强

天然气车船产业发展不充分，难以发挥对公路、内河货运领域大气环境防治的应有作用。天然气车船规模总体偏小。截至 2020 年，全国 LNG 重卡保有量 58.2 万辆[1]左右，仅占全部重卡数量的 7.2%[2]；LNG 动力船舶 290 余艘[3]，约占内河运输船舶数量（11.5 万艘[4]）的 0.3%。LNG 车船规模相较于国内车船市场总体规模而言，占比明显过小。LNG 车船投资和运营成本较高。LNG 重卡和船舶的价格普遍高于传统车船，初始投资大、回收周期长，且相对于柴油等燃料，LNG 燃料经济性优势不明显。LNG 车船的配套基础设施严重不足。LNG 车船产业链各环节的产业基础较为薄弱，配套基础设施滞后，现有安全技术规范标准过高，推广使用 LNG 车船面临车主、船东积极性不高等问题。相关财税等支持政策力度不足，且缺乏系统性和针对性，LNG 车船领域平稳发展面临较

---

[1] 数据来源：李永昌《"十四五"仍将是LNG重卡发展的黄金时期》。https://mp.weixin.qq.com/s?src=11&timestamp=1628996029&ver=3253&signature=y99c073wdExWZlKLCNDQfZxY*ZppdR9IIJn5N4CL-IKpqf-aQy49kxKwfTxRpw-nnfzkQdb0Tq2b2Me*ZehCM*jP9GukVXzuk5ecoBpkHhYum5VbZS-DpIcIosFbS4YK&new=1。

[2] 2020年重卡保有量预估为800万辆。数据来源：《预见2021：〈2021年中国重卡行业全景图谱〉》（国家统计局、中汽协、前瞻产业研究院）。https://www.qianzhan.com/analyst/detail/220/210806-f20aeb1f.html。

[3] 数据来源：国务院《中国交通的可持续发展》白皮书。http://www.scio.gov.cn/zfbps/32832/Document/1695297/1695297.htm。

[4] 数据来源：中华人民共和国交通运输部《2020年交通运输行业发展统计公报》。https://xxgk.mot.gov.cn/2020/jigou/zhghs/202105/t20210517_3593412.html。

大挑战。

2. 企业"电代油"缺乏积极性，甲烷控排体系有待建立

全面实施油气田绿色电能替代的积极性不高。近年来国际油价震荡使得主要油气企业普遍经营困难，持续增储上产面临较大资金压力，新增可再生能源发电投资面临预算约束。传统工作模式存在较大惯性，转向绿色电能替代动力不足。风、光等分布式能源开发属于新兴领域，主要油气企业缺乏投资建设运营可再生能源发电项目的实践经验。而且，油气田勘探开发用电需求与电源建设规模较难匹配、天然气规划与电网建设规划衔接不紧密，造成油气田的风电、光伏发电余电上网困难等一系列问题，制约了主要油气企业在油气田同步建设可再生能源发电的积极性。天然气产业的甲烷排放管控体系有待建立。长期以来，主要油气企业仅对有经济价值的大排放量天然气放空行为进行管控，对大量分布范围广、单次排放量小的放空与泄漏行为缺少有针对性的控排措施。目前仅有较粗线条的核算报告方法，核算结果也只停留于整体估算尺度上，管控制度尚不完备。控制甲烷排放的基础性研究工作不足，当前使用的排放核算因子颗粒度过粗、参数更新不及时，缺乏对各类天然气企业排放量的具体测算，无法指导形成相应的控排计划。

（四）天然气开放发展的问题及挑战

1. 对国际天然气市场的影响力依然较弱，企业开展国际合作经验不足

中国是世界第三大天然气消费国、第一大天然气进口国，但在全球天然气市场上的影响力长期不足。缺乏在国际天然气领域的话语权。在推动国际市场供需协调、增加市场灵活度等方面缺少有效作为，对国际天然气市场秩序、区域基准价格形成机制等方面的影响力有限。在天然气全球治理体系、国际天然气智库相关活动中的参与度有限。国内缺乏有较强国际影响力的天然气专业智库和相关组织，难以将中国天然气产业的政策调整、发展成效，以及最新进展动态及时、准确地传递给国际市场，在释放中国天然气产业发展积极信号方面有待加强。主要油气企业开展国际业务经验不足。在国际天然气生产、技术合作及市场建设的能力和水平方面，国内企业与国际石油公司相比存在明显差距，对国际天然气勘探开发项目不够重视，缺乏在非常规天然气、深海、深层等资源技术密集领域的勘探开发合作经验，尚未实现较高水平的产能与技术合作。

2. 落实引入外资政策仍面临较多难题，国际新形势给引进外资带来新挑战

受国内外多方面因素影响，中国天然气上游勘探领域的外资参与度不高，对外开放效果与政策预期有一定的偏差。亟待健全配套政策措施。尽管中国天然气勘探开发从政策层面已实现向符合条件的外资、内资企业全面开放❶，但与全面推进矿业权竞争性出让、开放油气勘查开采市场的政策目标相比，上游开放政策尚未全部落地。公开招标油气区块的选区、评估、前期资料公开等机制尚不完善。近年来油气上游矿业权放开改革试点中，因缺乏有效机制和优质区块，外资、民企参与效果均不佳。已开展的页岩气探矿权试点中，无一家企业完成勘探计划投入，且多个企业退回区块探矿权；康菲、壳牌、碧辟等国际石油企业先后退出中国页岩气区块勘探。市场营商环境有待优化。缺乏相对健全和充分市场化的技术服务等市场。因中国主要油气企业尚未完全实现主辅业务分离，造成大部分国内技术服务公司尚未成为独立的市场主体，技术服务市场体系也不够发达和完善。国际油气领域新形势不利于吸引外商投资。受新型冠状病毒肺炎疫情和 2020 年 4 月国际油价暴跌的影响，叠加全球主要经济体推动经济绿色复苏、作出碳中和承诺的大趋势，许多国际石油公司均主动或被迫削减上游投资，也在一定程度上影响了其进入中国天然气上游领域的积极性。

---

❶ 2020年天然气勘探开发已启用新政策，凡在中国境内注册的净资产不低于3亿元人民币的内外资公司，均有资格按规定取得油气矿业权；油气矿业权将实行探采合一制度，发现可供开采的油气资源的，在报告有登记权限的自然资源主管部门后即可进行开采。

（五）天然气共享发展的问题及挑战

1. 各区域天然气消费不均衡，城镇燃气发展水平存在较大差异

全国不同区域之间经济发展、城镇化水平、城镇燃气发展水平存在明显差距。2010年，华东地区人均国内生产总值最高，达到42710元。相应地，2010年华东地区用气量也最高，达到155.8亿立方米。到2020年，华东地区人均国内生产总值仍为全国最高，增加至96056元；东北地区人均国内生产总值为全国最低，仅为51227元，是华东地区的一半左右。相应地，2020年华东地区用气量也为全国最高，达到589.3亿立方米；东北地区用气量最低，为86.7亿立方米，仅为华东地区的14.7%。从过去十年用气量年均增速来看，华南地区最高，为26.26%，西南地区最低，为6.83%，两者相差近20个百分点。经济发展水平决定了城镇燃气用气规模，经济发展水平高的区域，价格承受能力更高，用气规模相应更大，区域间的经济发展不平衡导致了区域间城镇燃气发展的不平衡。

2. 城乡间天然气消费不平衡，农村地区燃气普及率不高

城镇与乡村之间的燃气普及率差异显著。受城乡间经济发展不平衡、价格承受力差异，以及乡村等地区管网设施较为缺乏等因素影响，大部分农村地区天然气发展水平与城市仍有较大差距。全国县级市以上城市的燃气普及率从2010年的92%提升至2020年的97.9%，全国县城燃气普及率从

2010年的66.5%增至2020年的89.0%。相比而言，全国乡（不含镇）燃气普及率从2010年的19%增至2020年的27.9%，仍处于较低水平，其中新疆、贵州、甘肃、云南、黑龙江、西藏、青海等省份普及率低于10%。2020年全国村庄燃气普及率为34.6%，甘肃、云南、贵州、青海等省份普及率低于5%，分别为4.0%、3.7%、3.7%和1.7%。农村居民人均可支配收入水平低，价格承受能力更差，基础设施普及程度也更低，天然气用不上、用不起，燃气发展相对城镇而言处于较低水平。

三、中国天然气高质量发展展望

未来十年，在"3060"双碳战略目标引领下，中国天然气产业发展将进入最关键的阶段，在全行业共同努力下有望书写出高质量发展的新篇章。天然气高质量发展的政策体系继续完善，技术联合攻关体制机制可望建立；产业规划建设运行协同推进，协调发展的管网体系逐步成型；重点领域天然气应用加快，甲烷控排体系基本建立；天然气国际市场参与程度不断提高，高水平对外开放向全方位推进；区域间均衡发展水平继续提升，城乡间发展差异明显缩小。

（一）天然气创新发展展望

1. 天然气主体能源定位进一步明确，持续完善高质量发展政策体系

天然气与可再生能源融合发展将不断走深走实。 未来中国能源安全的重心将从以石油为核心的资源供应安全向以电力为核心的运行安全转变。在实现"3060"双碳战略目标、构建以新能源为主体的新型电力系统进程中，必须处理好能源安全与减污降碳之间的关系。天然气发电具有清洁、低碳和调节灵活等特点，既是电力系统满足调峰需求和应急保障的重要电源类型之一，也是实现能源供给低碳化、多元化的重要组成部分，将与可再生能源深度融合，构建绿色低碳、智慧高效、经济安全的能源系统。这要求进一步完善天然气

产业政策体系。统筹做好油气发展规划与电力发展规划、能源发展规划之间的衔接和协调。可考虑参照煤电联营的模式，鼓励气电联营、交叉持股，促进发电成本下降。对直供的气电项目，督促供气企业与天然气发电企业签署并履行合同，稳定气源和价格。继续理顺天然气市场机制，完善电力调峰辅助服务市场机制，探索构建各省或区域间气电联调、风光水火储联保的协同机制。强化现有天然气现货交易中心的市场定价作用，以市场机制引导储气调峰能力建设，推动形成多气源竞争的良好市场环境，满足气电项目的多元化购气需求，有效推动用气成本降低。

2."联合攻关"体制机制可望建立，激发科技攻关更大动力活力

采用"揭榜挂帅"的"联合攻关体制"推动油气勘探开发重大专项攻关。 以实现油气"难动用储量"的高效勘探开发为初衷，充分调动油气领域及相关材料、装备制造、数字信息等各领域共同参与。既坚持由政府主导的技术攻关方向，又打破既有格局，吸引更多人财物力，逐步形成"联合攻关体制"。建立更加公开透明的项目竞标制度，吸引国有企业、国际公司、民营企业、社会资本广泛参与,建立"政产学研金用"联合攻关。推行技术总师负责制、经费包干制、信用承诺制，做到不论资历、不设门槛，"创新不问出身，英雄不论出处"。创新油气勘探开发重大专项攻关成果分配激励机制，充分调动各参与方积极性。坚持以市场化手段促进攻关成果转化。

着重推行以经济奖励为主、荣誉奖励为辅的结果导向型的奖励办法。加快完善绩效考核机制，激发更大的创新活力和奉献精神。

（二）天然气协调发展展望

1. 产业规划建设运行协同推进，有效促进供需均衡发展

加强规划建设协同运行，有效保障天然气持续快速、稳定协调发展。 随着"放管服"改革不断推进和营商环境持续改善，天然气产业更加注重产能建设和市场运行的有效衔接。有关部门和地方政府将加强天然气产业规划与国土空间规划衔接。油气企业将依据产业统一部署，协调安排各类重大项目重点工程的建设规模、区域布局与进度节奏，统筹推进天然气合理利用。以市场化手段为主做好供需平衡与产业协调发展，天然气高质量发展与地方经济中高速发展将更加协同。预计未来十年，中国天然气需求增速将保持在5%以上，2030年市场规模或将达到6000亿立方米左右❶。供需总量继续较快增长，在上游企业大力开展提质增效专项行动、实行低成本运行基础上，国内低品位资源将得到有效开发，生产潜力充分释放，天然气产量有望保持近5%的增速，2030年达到2800亿~3000亿立方米，确保底线需求，满足天然气安全供应的兜底保障需要。

---

❶ 利用国务院发展研究中心资源与环境政策研究所研发的CGE与能源环境碳排放模型，结合天然气市场需求预测模型，得到此测算结果。

2. 基础设施建设运营加快完善，协调运行管网体系逐步成型

持续加强天然气基础设施建设力度和统筹运行，管道和储气设施建设进一步加强。 按照《中共中央关于制定国民经济和社会发展第十四个五年规划和二〇三五年远景目标的建议》要求，未来一段时间将加快建设天然气主干管道，完善油气互联互通网络，中俄东线境内段、川气东送二线等一批重点管道项目将加快实施，互联互通和安全保障工程持续推进，形成更高密度、更为灵活、更加安全的天然气管网系统。预计到2030年，中国天然气主干管道总里程将达到15万千米，基本可满足资源进口、勘探生产和市场消费的需要。而且，随着LNG储罐和码头扩建工程加快推进，有望建成天津滨海等4个千万吨级LNG登陆中心。在役地下储气库实现达容达产，辽宁、江苏、河南、四川等省份新建一批气藏型、盐穴型储气库，通过市场机制推进燃气企业开展LNG储罐集约化建设，引导社会资本参与地下储气库和LNG接收站投资建设。各级管网运营的统筹协调性将大幅提升，跨省管道、绝大部分省级管网和部分燃气管网加速融合，科学的调度规则有望形成，调控平台和容量交易平台加快构建，"全国一张网"可望基本实现协调运行。云南、贵州等西部地区省份的气源组织力度将进一步加强，区域支线建设有序推进，同时随着乡村振兴战略深入实施，更多的燃气企业开展乡村天然气基础设施建设，逐步形成与当地经济相适应的管网体系。

（三）天然气绿色发展展望

1. 进一步助力大气污染防治，提速车船等重点应用领域发展

天然气重点应用领域或将加速发展。 未来一段时期，中国天然气仍将延续前十年的快速发展态势，天然气消费量增长空间可观，可望持续助推大气环境质量改善。预计"十四五"时期，中国天然气消费量较"十三五"增加1200亿立方米左右，到2025年消费量达4500亿立方米左右，2030年消费量达到6000亿立方米左右。届时，按等热值计算，天然气相较于煤炭，可分别减排二氧化碳79502万吨、二氧化硫5976万吨、粉尘54227万吨。LNG车船方面，市场规模也将不断扩大，以LNG重卡、LNG动力船舶为主的绿色货运方式市场占有率将不断提升。预计到2030年，内河LNG船舶数量将达2万艘左右，LNG需求量将达到120万吨。同时，大力开展LNG车船技术攻关，加快数字化技术创新体系建设，科学制定相关技术规范和安全标准；尽快完善LNG车船产业的财税支持政策，加大专项扶持力度，安排配套资金、出台鼓励LNG车船产业推广应用的相关配套政策。

2. 绿电替代进一步普及，继续完善甲烷控排体系

油气田将进一步加大清洁电能使用和甲烷控排。 主要油气企业将加强与电网企业协调，加大落实钻机、压裂"电代油"技术推广，推动国产电驱设备替代燃油设备。同时，油气田加强绿色电能替代力度，因地制宜地开展自发自用、余电上网、

多能互补的综合智慧能源网建设，减少网电使用比例，提升绿电替代水平，绿电替代规模大幅增加，规模效应逐渐显现。甲烷控排政策逐步完善并推进实施，系统深入地开展甲烷控排研究，有关部门在"十四五"及更长期科技专项中将加强油气行业甲烷气体的排放机理、特点及减排规律研究，夯实甲烷管控的科学基础；加快构建和完善甲烷核算与报告体系，构建清单编制、质量控制和数据核查流程机制，完善甲烷统计与数据管理系统，推动中国油气行业甲烷排放清单核算的常态化；制订甲烷综合管控行动方案，明确整体管控时间表、路线图和施工图，建立跨部门甲烷协同管控机制，联合行业协会和企业组织联盟，重点提出针对实现甲烷减排的最佳技术目录与清单，对前景明确的新技术、新方案，加速布局实施。

（四）天然气开放发展展望

1. 国际市场影响力逐步增强，可望持续提高治理水平

国际天然气市场正处在从卖方市场向买方市场转变的历史进程中，以中国为代表的亚洲天然气需求国将扮演更加重要的角色。 中国将主动参与全球天然气贸易与市场体系的建设，引导世界天然气贸易规则不断完善、贸易方式更具弹性，为促进形成资源供应充足、定价方式多元、条款更加灵活的贸易格局作出贡献。同时，通过进一步加强国内天然气交易中心建设、完善交易规则、扩大天然气现货交易规模、开展期货交易，创新和试点窗口期交易、中长期合同等品种，促进价格发现功能的实现，逐步建立起以中国天然气市场供需关系为基础的区域基准价格体系。积极参与全球天然气产业治理，加快融入并引导完善现有全球能源治理机构建设。深度参与东北亚等区域天然气治理体系，建设更有韧性的区域市场。完善国际人才交流机制，加强天然气智库建设。中国天然气企业将深度融入全球天然气产业链供应链，先进技术、装备、标准和服务将加快"走出去"步伐。

2. 竞争性市场体系加快建立，有望全方位高水平对外开放

天然气领域体制机制改革深入实施，竞争性的市场体系逐步建立和不断完善。随着油气勘查开采市场准入的配套政策陆续出台，更多优选区块将不断进入市场，增强上游勘探开发领域对外资、民营企业等投资者的吸引力。技术服务、装备制造等生产性服务业与主要油气企业进一步分离，作为市场主体的独立性不断增强。扩大引进国际油服公司，加强先进技术、管理经验的交流与合作，鼓励更多的国际油服企业在国内设立分公司，促进国内油气技术服务市场快速成长。借鉴国际天然气与氢能融合发展新模式。氢能是未来能源低碳化发展的关键路径之一，在基础设施、利用技术等方面，天然气与氢能具有融合发展的重大机遇。借鉴欧洲国家在天然气与氢气混输混用等方面的成功经验，在国内开展相关研究和试点。加强与周边国家天然气基础设施互联互通，提高资源进口能力和弹性。探讨东北亚地区 LNG 接收站、储气库等共享共用，尝试建立互保互供机制等。

（五）天然气共享发展展望

1. 区域间均衡发展水平不断提升，形成共享发展新格局

国家第十四个五年规划和二〇三五年远景目标、"3060"双碳战略目标和全球新型冠状病毒肺炎疫情所导致的地缘政治环境重大变化，都将深刻影响中国天然气发展前景。到2030年，中国天然气消费量将达到6000亿立方米❶。分省份来看，江苏、山东、广东、四川和河北等省份天然气消费量将超过300亿立方米，其中江苏和广东的增量主要来自工业燃料和天然气发电领域；四川主要依赖于较高的城镇化率和人口基数，山东和河北注重于工业领域的"煤改气"。分区域来看，到2030年，华东地区、华北地区天然气消费量将继续走在前列，分别达到1755亿立方米和1145亿立方米，占全国消费量比重分别为29.2%和19.1%，与2020年基本持平；华中地区、东北地区天然气消费量依然靠后，分别为616亿立方米和445亿立方米，占全国消费量比重分别为10.3%和7.4%，相比2020年的8.8%和5.6%，区域间均衡发展水平明显提升。

2. 城乡间发展差异缩小，助力乡村振兴目标实现

农村天然气基础设施和公共服务能力建设有望加强，推动广大农村实现清洁用能。未来将加强实施乡村清洁能源建设工程，推进燃气下乡，支持建设安全可靠的乡村储气罐站

---

❶ 根据区位商法获得此预测结果。区位商法是根据全国和各省份的经济、人口和天然气消费历史数据，以及全国和区域宏观经济即人口预测数据，预测全国和各省份天然气消费量。

和微管网供气系统。尽快实施"村村通、乡乡通"，加快农村地区管网支线建设，同时发挥已建成管道、储气设施的联通调节能力，大力提升农村居民用气供应能力，尤其是冬季居民用气保障能力。继续有序推进燃气下乡，稳步推进管道气、LNG"点供"、液化石油气等向乡村扩展，加强乡村储气罐站和微管网供气系统建设。规模化发展生物天然气，加强秸秆、畜禽粪污整县域的收集、运输、加工和处理，提高生物质能的利用程度和普及规模，在有条件的地区积极发展农村沼气，增大农村清洁用能替代力度，推进农村清洁能源快速发展。

结束语

　　过去十年，中国天然气产业经历了跨越式的大发展，天然气产供储销体系建设初具雏形，相关基础设施和市场主导的运行机制逐步完善，产销两旺的局面基本形成。天然气产业发展壮大，实现了从量变到质变的重要转折，逐渐发展成为中国能源不可或缺的一块重要拼图。中国天然气产业发展已步入高质量发展的良性轨道。

　　天然气的清洁、低碳、高效属性使其成为世界各国应对气候变化的重要手段之一。未来中国实现"3060"双碳战略目标，必然要大幅降低能源消费的碳排放，同时保障经济安全、能源供给安全、电力系统运行安全，这些都离不开天然气的强有力支撑。尤其是构建以可再生能源为主体的新型电力系统，更需要天然气发挥"顶梁柱"的作用。

　　中国天然气产业高质量发展任重而道远、挑战与机遇并存，需要政府、企业、用户、研究机构等多方共同努力。《中国天然气高质量发展报告》期望能把中国天然气产业发展中值得关注、研究、讨论的内容呈现给大家，引发更多的思考和交锋，寻找更好的解决之道。诚挚感谢各相关研究机构、行业学会、企业、国际机构及众多专家的大力支持和帮助。让我们携手，共同推动天然气高质量发展，更好地服务于能源和经济社会发展大局。

感谢以下专家对《中国天然气高质量发展报告（2021）》提出修改建议，以及在成稿过程中作出的贡献（按姓氏笔画排序）：

王金照	王富平	史云清	史　丹	白彦锋	朱兴珊
孙耀唯	李　伟	李映霏	邱建杭	何晋越	邹晓琴
应光伟	张玉清	张建平	陆家亮	金之钧	周　娟
赵　伟	郝　芳	俞孟蕻	高世楫	高安荣	高　芸
唐永祥	唐金荣	梅　琦	康重庆	葛世伦	曾兴球
蔡勋育					